Widder

21. März – 20. April

arsEdition

Inhalt

Einführung
in die Astrologie

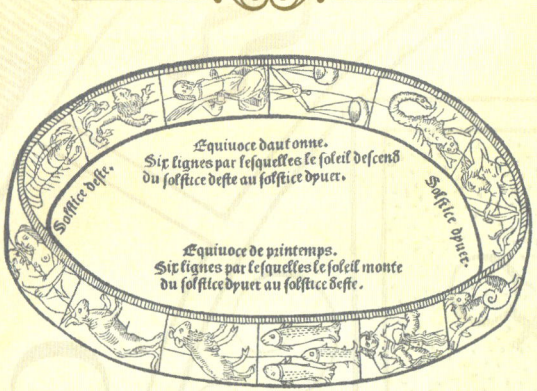

Equinoce daut onne.
Six lignes par lesquelles le soleil descend
du solstice deste au solstice dpuer.

Equinoce de printemps.
Six lignes par lesquelles le soleil monte
du solstice dpuer au solstice deste.

Solstice deste.

Solstice dpuer.

Wir »modernen« Menschen leben heute in einer
Welt der Wissenschaften, genauer gesagt in einer Welt der Naturwissenschaften. Mathematik,
Physik, Chemie und Biologie bestimmen und erklären unser Leben auf dem Planeten Erde. Die
Naturwissenschaften erheben den Anspruch, alles deuten und erklären zu können: wie das Uni-
versum entstanden ist, auf Grundlage welcher
Gesetze der Kosmos und alles in ihm »funktioniert«, warum ein reifer Apfel vom Baum auf die

Erde und nicht die Erde auf den Apfel fällt – der Raum und sein Inhalt, die Zeit und ihr Maß: Wir glauben an die hundertprozentige Richtigkeit naturwissenschaftlicher Gesetze.

Warum? Weil Naturwissenschaftler ihre Annahmen und Voraussagen beweisen können. Zunächst beobachten sie Phänomene, beschreiben sie und bilden dann eine Hypothese über die Wahrscheinlichkeit der diesen Abläufen zugrunde liegenden Gesetze. Wenn sich dann, wieder und wieder bei Beobachtungen in freier Natur oder bei einem Versuchsaufbau im Labor bei gleichen Rahmenbedingungen, exakt die gleichen Abläufe ergeben, werden ein Phänomen und die daraus folgende wissenschaftliche Hypothese zum Gesetz. So ist unsere Welt erklärbar geworden und überdies ›sicher‹, da wir modernen Menschen ja wissen, wie sie in sich funktioniert. Das macht sie ›übersichtlich‹, das reduziert ihre erschreckende Komplexität.

Die starke Suggestionskraft, die von den Errungenschaften der Naturwissenschaften auf den menschlichen Geist und das menschliche Weltverständnis ausgeht, rührt jedoch auch vom Willen des Menschen, sein Schicksal selbst zu bestimmen. Der geistige Emanzipationsprozess, der im Zeitalter der Aufklärung im 17. und 18. Jahrhundert einsetzte und die menschliche Vorstellungskraft von Mythen und starren religiösen und ideologischen Vorurteilen befreite, läutete den Siegeszug der Naturwissenschaften ein.

Gleichwohl übt die Astrologie nach wie vor eine hohe Anziehungskraft auf die Menschen aus. Das war auch bereits vor zwei oder drei Jahrtausenden so. Verfügten nicht auch bereits die Babylonier, die Sumerer, die »alten« Ägypter, Griechen und Römer, dazu Chinesen und Inder, Azteken, Maya und weitere Indiovölker in Zentral- und Mittelamerika, über hervorragende mathematische, physikalische und astronomische Kenntnisse? Und alle diese Völker und Kulturen waren vom Blick ins nächtliche Firmament, von den flimmernden Sternen und dem Gang der Planeten fasziniert. Somit ist es nicht überraschend, dass auch heute noch viele Menschen an Erkenntnissen der Astrologie interessiert sind. Die »Errungenschaften« der Naturwis-

senschaften werden im Zeitalter der Atombombe und des Klonens menschlicher und tierischer Genome nicht mehr nur positiv gewertet.

Das ist *ein* Grund für die aktuelle Anziehungskraft der Astrologie, die viel mit Psychologie zu tun hat, mit einer Wissenschaft, die menschliches Verhalten interpretiert und deutet. In der Astrologie allerdings wird menschliches Leben ganzheitlich verstanden, als ›Fluss‹ eines Ganzen, das in einen biophysikalischen, biochemischen und kosmologischen Rahmen eingebettet ist. Wichtig für das Verständnis und den Zugang zur Astrologie ist die Kombination der *Astro*nomie mit der *Psycho*logie. Aus beiden wird die *Astrologie*, die die fest gefügten Bahnen der Planeten und die Strukturen der Sterne mit der menschlichen Seele und ihrem Schicksal in Zusammenhang setzt.

Diese Definition ist jedoch sehr allgemein. Bei genauer Betrachtung basiert der Grundgedanke der Astrologie auf der Überzeugung, dass die Rhythmen in unserem Sonnensystem, die geprägt werden durch den Stand der Sonne, die Umlaufbahn des Mondes um unser Zentralgestirn und den Gang der Planeten, Einfluss haben auf biologische, chemische und psychische Prozesse auf unserer Erde. Die Gestirne und ihr

Rhythmus, mit dem sie sich im Verhältnis zur Erde bewegen, üben einen Einfluss, einen »kosmischen Reiz« auf die Seele der Lebewesen aus, allerdings weit komplizierter und weniger offensichtlich zu beobachten als zum Beispiel der Gezeitenwechsel von Ebbe und Flut, der durch den Abstand des Mondes zur Erde und durch den Wechsel der Jahreszeiten erzeugt wird. Die kosmischen Reize sind es also, mit denen sich die Astrologie vornehmlich beschäftigt.

Dabei sind Astrologen davon überzeugt, dass kosmische Reize ähnlich wirken wie beispielsweise die Wetterfühligkeit auf gesundheitlich sensible Menschen. Manche dieser Reize aktivieren charakterliche Eigenschaften und Verhaltensweisen, andere hingegen dämpfen sie. Das heißt: Eine ganz spezifische Konstellation der Gestirne determiniert Typus und Werdegang jedes Menschen. Dabei erzwingen die Konstellation der Sterne und andere kosmische Reize aber weder die Geburt noch das Schicksal eines Menschen, sie »reizen« lediglich und geben einen Impuls. Der Kirchenvater Thomas von Aquin drückte diesen Zusammenhang so aus: »*Die Sterne machen geneigt, sie zwingen nicht.*«

Die wichtigste Ausdrucksform der Astrologie ist die Erstellung eines Horoskops. Das Wort stammt von dem altgriechischen *horoskopos* und bezeichnet den im Osten aufsteigenden Tierkreisgrad; das Wort ist zusammengesetzt aus dem Substantiv *hora*, die ›Stunde‹, und dem Verb *skopein*, ›sehen, schauen, erkennen‹. Das Horoskop ist die Arbeitsgrundlage der Astrologie, eine grafische Darstellung der bestimmten Konstellation der Gestirne zum genauen Zeitpunkt der Geburt eines Menschen, bezogen auf seinen Geburtsort. Mit den berechneten Daten (die Konstellation der Gestirne relativ zum Beobachter auf der Erde) versucht die Astrologie den Einfluss der kosmischen Reize zu bestimmen.

In dieser Buchreihe geben wir unseren Lesern die Instrumente an die Hand, um möglichst zuverlässige Aussagen über die jeweilige Konstellation der Sterne treffen zu können. Dazu zählen genaue Charakteristiken der Tierkreiszeichen, ihre Partnerschaften sowie Informationen über den Einfluss des Aszendenten und des Mondes auf jedes Sternbild. Und nicht zuletzt unterrichten wir Sie über berühmte Vertreter jedes Tierkreiszeichens, über Mythen, die sich um die Sternbilder ranken, und ihre charakteristischen Vorlieben für Metalle, Farben, Steine, Tiere, Pflanzen und Düfte. Gleichermaßen eine informative und unterhaltsame Lektüre!

Widder

Persönlichkeit, Vorlieben, Beruf und Karriere, Freundschaft

Die Widder-Frau

Da der Widder ein Feuerzeichen ist und von Mars und Pluto beherrscht wird, dürfte kaum eine Widder-Frau ein ›Heimchen am Herd‹ sein. Im Gegenteil: Widder-Frauen sind häufig ausgesprochen emanzipiert und wollen sich in der Welt, auch in der Berufswelt, erproben. Sie hasst es nachgerade, abhängig zu sein oder sich abhängig zu fühlen. Das gilt sowohl in materieller als auch in emotionaler Hinsicht. Jeder Mann muss deshalb wissen, dass er seine Widder-Frau, sofern er als starke Persönlichkeit selbst gerne im Mittelpunkt steht, nur an der »langen Leine« führen kann. Vorschriften seinerseits oder gar ein rechthaberisches und allzu dominantes Auftreten verkraftet sie nur sehr schwer, um es reichlich vorsichtig auszudrücken. Sollte sie spüren oder auch nur vermuten, dass ihr Partner sie bevormunden will, sie zu steuern und lenken versucht, dann kann es schon sein, dass dieser ein gehöriges Donnerwetter erlebt – mit Blitz und Donner und allem, was dazugehört. Kaum eine andere Vertreterin aus dem Reigen der Tierkreiszeichen kann derart aus der Haut fahren und voll ehrlichem Zorn explodieren, wie eine Widder-Frau. Da wird lautstark getobt, mit den Füßen auf die Erde gestampft und alles, was nicht niet- und nagelfest und entbehrlich zu sein scheint, gegen die Wand geschmissen. Keine Übertreibung: Es kann zugehen wie in den Bergmann'schen »Szenen einer Ehe«.

Alles nur aus freien Stücken

Andererseits ist die Widder-Frau treu, fürsorglich und überaus anhänglich. Dies alles jedoch nur auf rein freiwilliger Basis! Und genau hierin liegt der Kern ihrer Persönlichkeit: Alles muss freiwillig geschehen, aus eigenen und freien Stücken, auf der Grundlage eigener Überzeugung. Drängen, schieben, drücken, zwängen? Das sind Fremdwörter für diese Dame. Denn sie schafft es ohne Weiteres, auch alleine mit den Härten des Lebens fertig zu werden. Zu wenig Geld? Kein Problem, es kommen auch wieder bessere Zeiten. Zu wenig Zärtlichkeit? Was soll's, mal schauen, wie es weitergeht. Nichts kann die eigenwillige Widderin dazu bringen, an ihrem schier unerschütterlichen Optimismus und an ihrem festen Vertrauen in die Zukunft zu zweifeln. Das ist ihr großer Vorteil – Selbstbewusstsein und Selbstvertrauen pur.

Kindlicher Optimismus

Ihr Selbstvertrauen hat direkt etwas Kindliches an sich. Manche mögen sagen, dass ihre Art beinahe schon ins Naive oder Blauäugige spielt. Menschen, die im Zeichen anderer Sterne geboren sind – man denke an den Krebs oder die Fische –, würden sich nach Nackenschlägen und Niederlagen zurückziehen, in sich verkriechen oder schmollend in die Ecke stellen. Die Widderin aber spornen Schicksalsschläge oder andere Widrigkeiten des Lebens dazu an, noch mehr zu geben, sich noch mehr ins Zeug zu legen, um das zu erreichen, was sie will. Aufgeben? Niemals! Sich ins eigene Schneckenhaus zurückziehen? Niemals! Die Widder-Frau ist ein Energiebündel, voll überschäumender Aktivität und Impulsivität. Wenn andere bremsen, dann gibt sie erst recht Vollgas und steht häufig mit dem Bleifuß auf dem Pedal.

Mit ihr kann »Mann« Pferde stehlen

Bei so viel Engagement bleibt es nicht aus, dass Widder-Frauen ihren Männern oft genug verlässliche Partnerinnen sind. Dies jedoch nur dann, wenn »Mann« ein ganzer Kerl ist, einer, den die Widderin voll und ganz akzeptieren kann, einer, der mit beiden Beinen fest auf dem Boden steht und ihr das Gefühl gibt, »angekommen« und aufgehoben zu sein. Aber Vorsicht! »Angekommen und aufgehoben« und nicht gegängelt! Kameradschaft und Freundschaft spielen eine große Rolle, das heißt Zuverlässigkeit, ein lebendiger und niemals abreißender Fluss gegenseitiger Kommunikation, ein Über-alles-reden-Können und stets ein offenes Ohr für den anderen. Das ist wichtig, und wenn die Partnerschaft mit einer Widder-Frau so gelebt wird, dann wird Mann sehen, dass er Pferde stehlen kann mit ihr. Kurzum: eine Gefährtin nicht nur für gute, bequeme und schöne, sondern auch für harte und schwere Zeiten.

Sie sagt, was sie denkt, und kuscht nicht

Im Beruf kann die Widder-Frau weit mehr als, wie es so schön heißt, »ihren Mann stehen«. Abenteuerlust, Entdeckerfreude, Neugier: Diese Eigenschaften sind ihr in die Wiege gelegt. Deshalb eignet sie sich hervorragend für Tätigkeiten in typischen »Männer-Berufen«. Maschinenbau und Ingenieurswesen, Medizin und Wissenschaft sind Bereiche, in denen sie sich ebenso wohl und zu Hause fühlt wie Vertreter des männlichen Geschlechts. Überraschend ist es deshalb nicht, dass Widder-Frauen auch oft als selbstständige Unternehmerinnen tätig sind, die sich durch Nervenstärke und Pioniergeist auszeichnen. Als Angestellte erscheinen sie ihren Vorgesetzten bisweilen als unangenehm, weil sie sich nicht leicht unterordnen. Sie beißen sich am liebsten alleine und auf sich gestellt durch und sind demzufolge keine großen Anhängerinnen von Teamwork. Überdies machen sie, besonders in Angelegenheiten und in Situationen, wo andere MitarbeiterInnen kuschen, den Mund auf.

Widder-Frauen sind ehrlich und offen

›Wer eine Widderin zur Freundin hat, hat Glück‹, heißt es. Dieses Glück muss der Freund oder die Freundin aber auch vertragen (können). Denn eine Widder-Frau ist vor allem eins: ehrlich – bis zum Schmerz. Ihr Temperament, ihre Durchsetzungsfähigkeit und ihr Optimismus verhindern ganz einfach, sich in die eigene Tasche zu lügen oder sich etwas vorzumachen. Wer die Wahrheit nicht verträgt oder gerne mit Samthandschuhen angefasst wird, der sollte die Beine in die Hand nehmen und laufen! Andererseits lässt sich mit einer Widderin relativ schnell Freundschaft schließen, denn sie macht keinen Hehl aus ihrer Sympathie und ist zuverlässig und ziemlich unkompliziert. Sie sagt, was ihr am anderen gefällt und was nicht, und sie ist aktiv und unternehmungslustig und lässt niemals Langeweile aufkommen. Ganz besonders enge Freundschaften können mit Widderinnen beim Sport entstehen, denn sie liebt körperliche Bewegung und geht gerne bis an ihre Leistungsgrenze.

Der Widder-Mann

»Hoppla, hier komm ich!« Wenn wir ihn holz-schnittartig beschreiben wollen und vor einem Schwarz-Weiß-Bild, das auf die sicher dazwischen existierenden Farben und Facetten zunächst einmal verzichtet, nicht zurückschrecken, dann mag dieses Motto recht gut für den Widder-Mann passen. Er ist ein Siegertyp, einer, der immer (oder zumindest möglichst oft) gewinnen und ganz vorne stehen will, einer, der sich nicht einfach zurücksetzt und anderen freiwillig den Vortritt lässt. So sieht er sich selbst und so will er gefälligst auch von seiner Umwelt gesehen werden. Kein Wunder, denn die männlichen Vertreter des Widder-Zeichens werden vom Mars beherrscht, dem Gott des Krieges und des Kampfes.

Der Widder sucht den Wettbewerb

Das heißt natürlich nicht, dass der Widder-Mann zwangsläufig zum Militaristen geboren wäre. Nein, aber es fällt schon auf, dass er häufig Spaß und Freude am Wettbewerb hat, sei es im Sport, im Beruf, beim geistigen oder körperlichen Kräftemessen im Freundeskreis oder in der Liebe. Er liebt es zu gewinnen, zu zeigen, dass er der Beste, Stärkste oder Klügste ist, er liebt es, sich auszupowern und an die Grenzen der Belastbarkeit zu gehen. Dabei zeigt er oft großen Ehrgeiz und Durchhaltevermögen. Er kann nicht anders, denn die in ihm steckende Kraft und Dynamik, die überschüssige Energie, die er noch nicht in anderen Lebensbereichen einsetzen konnte, muss heraus – sonst platzt er. »Dampf ablassen!« Das ist die Devise.

Hindernisse werden überrannt

Wer schon einmal versucht hat, einen richtigen Widder auszubremsen, seine überschäumende Tatkraft zu kanalisieren oder abzumildern, weiß, dass dies schier unmöglich ist. Stellt ihm jemand Hindernisse in den Weg, reizt ihn dies besonders. Dann kann er häufig die größten Leistungen vollbringen, zur Hoch-
form auflaufen –
und besagte Hin-
dernisse einfach
überrennen. Er ist
spannungsgeladen, er
steht immer unter
Strom und muss die
Ziele, die er sich setzt,
und die Aufgaben, die

er sich ausgesucht hat, unbedingt erreichen und bewältigen. Koste es, was es wolle! Zu seinen wichtigsten Eigenschaften zählen deshalb körperliche und geistige Energie, eine unbändige Tatkraft, Eigeninitiative, Mut, Stolz und Ehrgeiz.

Tollkühn und risikobereit

Der Widder-Mann dürfte neben dem Löwen zu den extravertiertesten Charakteren innerhalb der Tierkreiszeichen zählen. Er ist stark ichbetont, kommuniziert viel und gerne mit der Außenwelt und stellt sich oft in den Vordergrund. Seine Tatkraft speist sich aus seiner inneren Energie, die er nach außen tragen muss, und aus einem alles dominierenden inneren Impuls. Dieser drängt ihn zu schnellem und entschlossenem Handeln und zur Durchsetzung seiner eigenen Überzeugungen. Den Widder-Mann reizen häufig Gebiete, die noch nicht erkundet sind, auf die sich noch niemand gewagt hat. Diese Eigenschaft hat etwas Tollkühnes und kann manchmal auch den Beigeschmack eines riskanten Hasardspiels an sich haben, bei dem er die höchsten Einsätze riskiert, nur im Glauben an die eigene Kraft und seine Siegermentalität. Dies kann im negativen Fall bis zum Starrsinn und zur Unbeweglichkeit führen.

Neigung zu Affekten

Insofern kann der Widder-Mann ideale Führungsqualitäten aufweisen: Er hat die Fähigkeit, Initiative zu ergreifen, komplexe Probleme mutig und unverzagt anzugehen, sich durchzusetzen und anderen den Weg zu weisen. Dabei ist seine Entschlusskraft zielbewusst und er kann andere für seine Ziele begeistern und mit seiner Leidenschaftlichkeit anstecken. Andererseits neigt er manchmal zu Aggressivität und Rücksichtslosigkeit. Kommt ihm jemand in die Quere, kann er beim geringsten Anlass aus der Haut fahren und sein vermeintliches Recht hart durchsetzen. Dazu treibt ihn sein starkes, nach außen gerichtetes Ego, und in Verbindung mit seiner Neigung zu einem ungestümen, voreiligen und hitzigen Handeln kann er sich selbst Chancen verbauen.

Berufe mit Führungsaufgaben

Der Widder-Mann wählt oft Berufe, die Führungseigenschaften und Durchsetzungsstärke verlangen: Wir finden ihn als Unternehmer oder Betriebsleiter, im Management oder als Funktionär von Verbänden und Institutionen, als Theaterintendant oder als Dirigent. Auch im Militärdienst, bei der Polizei oder in der chirurgischen

Medizin arbeiten häufig Widder, ebenso aber auch als Archäologe, Naturwissenschaftler, Steinmetz oder Bildhauer.

Als Führungskraft kann der Widder-Mann seine Stärken ausspielen: Er entscheidet schnell und zögert nicht, er *führt* im wahrsten Sinne des Wortes, das heißt, er gibt klare und unmissverständliche Ziele vor, verteilt Aufgaben, leitet Projekte aufmerksam, kontrolliert die erzielten Arbeitsergebnisse und hat die Fähigkeit, vernetzt zu denken. Dabei kann er seine Mitarbeiter sehr gut motivieren, ihren Ehrgeiz anstacheln und jedem seinen idealen Platz im Team zuweisen. Andererseits darf niemand seinen Führungsanspruch infrage stellen. Geschieht dies, kann er zornig und gereizt reagieren und tyrannisch werden. In diesem Fall fühlt er sein Selbstwertgefühl verletzt – und das kann er keinesfalls vertragen. Oft sollte dies in der Regel aber nicht passieren, da der Widder-Mann im Grunde seines Wesens auch optimistisch und weltoffen ist.

Der eigene Vorteil ist ihm wichtig

Der Widder-Mann belastet sich nicht gerne mit Problemen, am wenigsten mit den Problemen anderer. Sein Drang zur Freiheit und seine Überzeugung, dass er seines ›eigenen Glückes

Schmied‹ ist, lassen ihn mehr an sich als an andere denken. Überdies kalkuliert er nicht selten ein wenig eigennützig und erwägt, was bei einer eingegangenen Verpflichtung am Ende dabei für ihn herausschaut. Deshalb kann die Freundschaft mit einem Widder-Mann bisweilen nicht ganz unproblematisch sein und man sollte dabei die eigenen Wünsche und Vorstellungen nicht hintanstellen. Dies gilt umso mehr, als der Widder-Mann sich Geltung verschaffen will und sein eigenes Licht wohl nur äußerst selten unter den Scheffel stellen wird. Gleichwohl kann er ein liebenswürdiger und zuverlässiger Freund sein – unter der Voraussetzung, dass man seine Person und seinen oft unvermittelt artikulierten Führungsanspruch nicht allzu deutlich infrage stellt. Denn dann kann er sehr viel geben: Witz, Charme, Leidenschaft und eine stets interessante Gesellschaft.

Widder

Berühmte Menschen dieses Sternzeichens

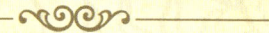

Maria Bello

Mit der Gangsterstory *The Cooler* (Alles auf Liebe) als Partnerin von William H. Macy erreichte sie ihren Durchbruch im Filmgeschäft. Ein Jahr zuvor hatte sie bereits im Drama *Autofocus*, das die Biografie des ermordeten TV-Stars Bob Crane thematisierte, großen Erfolg. Die US-amerikanische Schauspielerin Maria Elaina Bello, italienisch-polnischer Abstammung, wurde am 18. April 1967 in Pennsylvania geboren.

Wilhelm Busch

›Ach was muss man oft von bösen Kindern hören oder lesen!‹ Mit diesen Worten beginnen die wohl berühmtesten Verse des Volksdichters Heinrich Christian Wilhelm Busch. Die Verse führen den Leser in *Max und Moritz* ein und öffnen das Füllhorn seines ironischen Humors. Mit seinen Zeichnungen kann Busch als Vorläufer der späteren Comicstrips gelten. Geboren wurde Busch am 15. April 1832 in Wiedensahl, verstorben ist er am 9. Januar 1908 in Mechtshausen.

Francisco de Goya

Der spanische Maler, der am 30. März 1746 in Fuendetodos bei Aragón geboren wurde und am 16. April 1828 in Bordeaux verstarb, ist ein treffliches Beispiel für den kampferprobten und furchtlosen Widder. Goya musste sich 1814 vor der Inquisition verantworten, weil er mit seinem Werk *Die nackte Maja* ein in den Augen der Kirche »unzüchtiges« Abbild der Frau geschaffen hatte. Zeitlebens vertrat Goya seine Ansichten und prangerte die Laster des Klerus an.

Gregory Peck

Jahrzehntelang zählte der Frauenschwarm zu den beliebtesten Hollywood-Stars. Er verkörperte stets die Figur des aufrechten und integren Helden und erhielt 1963 den begehrten Oscar für seine Rolle in dem Film *Wer die Nachtigall stört (To Kill a Mockingbird)*. Die Leinwandstreifen *Schnee am Kilimandscharo* (1952, mit Ava Gardner und Hildegard Knef) und *Moby Dick* (1956, mit Richard Basehart) gehören neben zahlreichen Rollen in den Werken Alfred Hitchcocks zu seinen berühmtesten Filmen. Gregory Peck wurde am 5. April 1916 in La Jolla (Kalifornien) geboren und starb am 12. Juni 2003 in Los Angeles.

Die Bedeutung
des Aszendenten

Das Wort stammt aus dem Lateinischen und geht auf das Verb *ascendere* (»aufsteigen«) zurück. Damit beschreibt der Aszendent (AC) das Tierkreiszeichen, das zum Zeitpunkt und am Ort der Geburt am östlichen Horizont aufsteigt. Der Aszendent gehört zu den wichtigsten Horoskopfaktoren und geht in jede astrologische Deutung mit Qualität ein.

Da sich die Erde pro Tag einmal um ihre eigene Achse dreht, steigt bei zwölf Tierkreiszeichen im Durchschnitt alle zwei Stunden am östlichen Horizont ein neues Tierkreiszeichen auf. Dieser schnelle Wechsel ist einer von mehreren Gründen, warum für eine qualitative astrologische Deutung ein präzise berechnetes Horoskop mit genauer Angabe von Geburtszeit und Geburtsort so wichtig ist. Infolge des raschen Wechsels des Aszendenten haben zwei Menschen, selbst wenn sie am selben Ort und Tag geboren sind, nur in den seltensten Fällen das gleiche Horoskop.

Das Tierkreiszeichen am Aszendenten, das vom für uns Menschen unsichtbaren Bereich über den östlichen Horizont in den sichtbaren Bereich tritt, entspricht den Eigenschaften des Menschen, die wir in den ersten Minuten des Kennenlernens feststellen. Der Aszendent beschreibt in der astrologischen Symbolsprache damit das sichtbare Verhalten des Menschen. All das hingegen, was er denkt oder fühlt, sich erhofft und wünscht, zeigt sich nicht im Aszendenten. Demnach entspricht er der Art und Weise, wie wir uns verhalten. Er ist die »Maske« unserer Persönlichkeitsstruktur. Einerseits ist diese Maske verborgen, denn auch wir selbst sind uns nicht immer bewusst, was wir zeigen, zum anderen ist sie doch äußerlich. Dem Aszendenten werden in Sternzeichen unterschiedliche Einflüsse auf die Lebensziele der Menschen zugeordnet. Der Aszendent im Zeichen des Widders bringt Mut, der Stier dagegen Gelassenheit, die Zwillinge Offenheit, der Krebs steht für Geborgenheit, der Löwe für einen starken Willen, die Jungfrau für Sachlichkeit, die Waage für Altruismus, der Skorpion für Tiefe, der Schütze bringt den Glauben an das Gute, der Steinbock symbolisiert Struktur, der Wassermann Teamgeist und die Fische stehen für Mitgefühl.

Berechnung des Aszendenten für das Sternzeichen Widder

Diese Tabelle gilt für Mitteleuropa. Der genaue Aszendent ist auch von dem Geburtsort abhängig, deshalb gilt diese Tabelle oft nicht ganz exakt. Sollte es in Ihrem Geburtsjahr die Sommerzeit gegeben haben, so ist 1 Stunde abzuziehen.

WIDDER 21.03. – 20.04.

Geburtstag	21.03. – 31.03.	01.04. – 10.04.	11.04. – 20.04.
Aszendent	Geburtszeit	Geburtszeit	Geburtszeit
Widder	06.30 – 07.30	06.00 – 07.00	05.15 – 06.15
Stier	07.30 – 08.45	07.00 – 08.15	06.15 – 07.30
Zwillinge	08.45 – 10.30	08.15 – 10.00	07.30 – 09.15
Krebs	10.30 – 13.00	10.00 – 12.30	09.15 – 11.45
Löwe	13.00 – 15.45	12.30 – 15.15	11.45 – 14.30
Jungfrau	15.45 – 18.30	15.15 – 18.00	14.30 – 17.15
Waage	18.30 – 21.15	18.00 – 20.45	17.15 – 20.00
Skorpion	21.15 – 24.00	20.45 – 23.30	20.00 – 22.45
Schütze	24.00 – 2.30	23.30 – 02.00	22.45 – 01.15
Steinbock	02.30 – 04.15	02.00 – 03.45	01.15 – 03.00
Wassermann	04.15 – 05.30	03.45 – 05.00	03.00 – 04.15
Fische	05.30 – 06.30	05.00 – 06.00	04.15 – 05.15

Der Widder
mit seinen Aszendenten

Aszendent Widder

Achtung, Achtung! Hier kommt es zu einer überaus starken Persönlichkeit, die vor nichts zurückschreckt, mutig und fordernd der Welt gegenübertritt und enthusiastisch ihre Ziele angehen kann. Dabei besteht das Risiko, dass die Anlage des doppelten Widders zu einem egozentrischen und manchmal auch egomanischen Charakter führen kann. Deshalb muss der doppelte Widder beizeiten lernen, sein Ungestüm zu beherrschen. Hier gilt: Nicht immer ist der Weg mit dem Kopf durch die Wand der kürzeste – und häufig genug auch nicht der gesündeste.

Aszendent Stier

Das Feuerzeichen Widder und das Erdzeichen Stier verbinden sich zu einem produktiven, bisweilen aber auch explosiven Gemisch. Denn das Ungestüm des Widders trifft auf die Ruhe und beharrliche Kraft des Stiers. Besonders in jungen Jahren neigt dieser Widder zur Wechselhaftigkeit, später kann der Stier ausgleichend wirken. Eines ist allerdings häufig zu beobachten: Unter einer, besonders in reiferen Lebensjahren, möglicherweise kultivierten und höflichen Oberfläche schwelt immer ein Vulkan inneren Ungestüms.

Aszendent Zwillinge

 Eine gute Kombination, die es in allen Lebenslagen häufig weit bringt. Die Verbindung aus dem Führungswillen, Organisationstalent, der Begeisterungsfähigkeit und dem unbedingten Durchsetzungswillen des Feuerzeichens Widder mit dem Intellekt, der Vernunft und dem diplomatischen Geschick des Luftzeichens Zwillinge kann dem Widder sein Ungestüm nehmen, ihn vorsichtiger und überlegter handeln lassen. Kein Wunder, dass ihn diese Eigenschaften besonders im Beruf erfolgreich machen. Aber auch im Privatleben profitieren Widder vom Aszendenten Zwillinge, weil sie sein bisweilen cholerisches Temperament zügeln können und er sich zudem charmant in Szene setzt.

Aszendent Krebs

Hier reiben sich das Fordernde und bisweilen Herrische des Widders und das Gefühlige, Sanfte des Krebses manchmal so heftig aneinander, dass die Funken fliegen. Oft besonders gut zu beobachten ist die bremsende Wirkung, die der Aszendent Krebs dem am liebsten drauflosgaloppierenden Widder angedeihen lässt. Dies führt manchmal dazu, dass die Person mit dieser Konstellation verunsichert ist und sich innerlich zerrissen fühlt.

Aszendent Löwe

Hier wird gearbeitet, bis die Späne fliegen! Die Tatkraft des Widders und seine hohen Forderungen nicht nur an die Welt, sondern auch an sich selbst, und der Ehrgeiz des Löwen und seine Selbstsicherheit schnüren ein emotionales und charakterliches Kraftpaket. Im Ergebnis kommt es häufig zu einem Menschen mit schier unerschütterlichem Selbstbewusstsein, großem Pflichtbewusstsein und einem wie natürlich wirkenden Führungsanspruch. Der Wille ist häufig wichtiger als das Gefühl, auch wenn die Liebe sehr leidenschaftlich gelebt wird.

Aszendent Jungfrau

 Die persönliche Stärke des Widders, sein Ungestüm und sein bisweilen zu heftigen Ausbrüchen neigender Charakter werden von der nach außen wirkenden Jungfrau überlagert. Sie ist gründlich, vernunftorientiert, klug und kalkulierend. Das bringt Vorteile, kann aber auch dazu führen, dass dieser Widder zu sehr egoistischen oder zu radikalen und sprunghaften Handlungen neigt. In solchen Fällen dominiert der kritische und pedantische Geist der Jungfrau, der sich mit Rechthaberei und Unduldsamkeit des Widders verbindet.

Aszendent Waage

 Auch bei diesem Widder besteht ein Zwiespalt: Will sich der Widder anderen gegenüber durchsetzen und behaupten, bevorzugt die Waage Harmonie und den Ausgleich divergierender Interessen. Zudem ist sie auch auf das Urteil ihrer Umwelt angewiesen und will sich nicht in Gegensatz dazu bringen; der Widder hingegen strebt nach der Durchsetzung seiner Forderungen. Deshalb sorgt diese Konstellation für ein freundliches äußeres Wesen, bei dem aber

davon ausgegangen werden muss, dass es nach Anerkennung sucht und sich durchzusetzen versteht.

Aszendent Skorpion

Ein – im Fall der Harmonie wie auch im Fall der Disharmonie – sehr anspruchsvoller und manchmal auch ›komplizierter‹ Charakter. Die Initiative und Selbstbehauptung des Widders, sein ungestümes und kraftvolles Wesen verbinden sich hier mit der großen Leidenschaftlichkeit des Skorpions. Das stärkste Feuerzeichen trifft auf das stärkste Wasserzeichen! Im Ergebnis zeigt sich eine Persönlichkeit, die überaus mutig und bisweilen auch hart und verbissen sein kann, die kaum etwas erschreckt und die zu extremen Leistungen imstande ist.

Aszendent Schütze

Der Aszendent Schütze kann den Widder in all seiner Strebsamkeit und seinem Leistungswillen zusätzlich beflügeln. Seine Freiheitsliebe und seine Reiselust, aber auch seine Vielseitigkeit verschaffen dieser Konstellation große Zuversicht und zusätzliche Tatkraft. Diese Widder stehen immer unter Strom, es muss sich etwas bewegen, etwas entwickeln, sonst scharren sie mit den Hufen. Sie sind innovativ und unternehmend und haben einen großen Sinn für Gerechtigkeit, der sich bisweilen in Übereifer verkehren kann.

Aszendent Steinbock

 Das methodische und intelligente Vorgehen des Steinbocks, seine Systematik und Strukturiertheit und dazu sein Erfolgswille und sein materieller Sinn macht, diesen Widder zu einem strebsamen Arbeitsmenschen. Hier gilt das Motto ›Dienst ist Dienst und Schnaps ist Schnaps‹, und wenn andere längst schon zu Hause sind und sich genüsslich auf der Fernsehcouch räkeln, legt er noch eine Schippe Überstunden obendrauf. Im Fall der Disharmonie jedoch kann diese Konstellation auch zur unbarmherzigen Härte gegenüber anderen neigen.

Aszendent Wassermann

 Ein Hang zum Fantastischen, das in scheinbar logischen Theorien und überzeugend klingenden Gedankengebäuden daherkommt, biswei-

len aber zu bloßen Illusionen verpufft, lässt sich diesem Widder nicht absprechen. Der Wassermann lenkt die im Normalfall auf unbedingten Erfolg ausgerichtete Tatkraft des Widders in eine luftige Spur, die auf die Umwelt anmaßend und utopisch wirken kann. Trotz des fordernden Durchsetzungswillens des Widders kann er in dieser Konstellation sprunghaft wirken, denn er handelt oft intuitiv und selten planvoll.

Aszendent Fische

Im positiven Fall, wenn es über die Jahre und bei zunehmender Reife zu einem Ausgleich zwischen den völlig widerstrebenden Welten des fordernden und offensiven Widders mit den gefühlsbetonten und defensiven Fischen gekommen ist, kann dieser Widder gefühlvoller und rücksichtsvoller handeln. Im anderen Fall sind ein gewisses Maß an innerer Zerrissenheit und Unausgeglichenheit zu erwarten. Dann kann es zu unmotivierten Handlungen kommen und zu impulsartigen Reaktionen, die auf Unverständnis treffen.

Steine, Farben, Metalle, Tiere, Pflanzen, Düfte

Was passt zum Wesensbild des Widders? Welche Materialien lassen ihn sich wohlfühlen, welche Steine bevorzugt sein Charakter, mit welchen Metallen identifiziert er sich, und was sind die Farben, die er liebt? Und schließlich: Welchen Lebewesen, welchen Tieren und Pflanzen, fühlt er sich verbunden und welche Düfte beflügeln seine Fantasie?

Amethyst
Diamant
Feuerstein
Pyrit
Roter Jaspis
Rubin

Alle feurigen Farben
Rot

Eisen
Stahl

Akazie
Arnika
Baldrian
Basilikum
Distel
Eiche
Eisenhut
Enzian
Estragon
Ingwer
Kakteen
Knoblauch
Koriander
Pfeffer
Rettich
Senf
Zwiebel
Zypresse

Alle Raubtiere
Bussard
Falke
Habicht
Hai
Hecht
Wespe
Widder
Wolf

Alter Wein
Feuchte Erde
Harz
Heu
Lavendel
Sandelholz

Mythen und Legenden

Das Goldene Vlies

Das Sternbild Widder spielte aufgrund seiner früheren Lage am Frühlingspunkt eine überragende Rolle in der griechischen Mythologie. Nach den Erzählungen des Apollonius von Rhodos (295 – 215 v. Chr.) hatte König Athamas von Bootia die Wolkengöttin Nephele geheiratet.

Nach einiger Zeit hatte er jedoch das Interesse an dieser Ehe, aus der zwei Kinder, sein Sohn Phrixos und die Tochter Helle, hervorgingen, verloren und verstieß Nephele, um seine zweite Frau Ino zu heiraten. Diese hasste König Athamas' Kinder aus der Ehe mit Nephele – besonders den Phrixos – und beschloss, sie durch eine List töten zu lassen.

Dazu vergiftete sie die neue Saat der Bauern. Dies löste eine große Hungersnot im Land aus. Der König sandte einen Boten zum Orakel von Delphi, das er befragen ließ, was zu tun sei. Die Königin Ino hatte dies jedoch vorausgesehen und den Boten bestechen lassen, sodass dieser mit einer falschen Nachricht vom Orakel zurückkehrte. Angeblich, so der Bote, habe das Orakel empfohlen, den Phrixos töten zu lassen, um die Götter gnädig zu stimmen. Der König weigerte sich zunächst, seinen Sohn als Opfer an die Götter dem Tod zu übergeben, lenkte dann jedoch ein, nachdem das von Ino aufgestachelte Volk gegen Athamas aufbegehrte und nach dem Opfer verlangte.

Der von Athamas verstoßenen Wolkengöttin Nephele wurden die Ereignisse in Bootia zugetragen, und sie bat den Götterboten Hermes um Hilfe. Dieser schickte den Widder

Chrysomeles, ein Tier mit goldenem Fell, der durch die Lüfte fliegen und sprechen konnte, um die Kinder der Nephele zu retten. Die Kinder bestiegen den Rücken des Tieres, das sich erhob und nach Kolchis am Schwarzen Meer fliegen sollte, um sie in Sicherheit zu bringen. Über der thrakischen Halbinsel jedoch ergriff Nepheles Tochter Helle die Furcht und sie blickte in die Tiefe. Sie fiel vom Rücken des Widders und stürzte ins Meer. Dieser Punkt – die Meerenge zwischen Europa und Asien, der europäischen Halbinsel Gallipoli und dem zu Kleinasien gehörigen Nordwest-Anatolien (die heutigen Dardanellen) – wird seither Hellespont (Hellespontos: das Meer der Helle) genannt. Phrixos gelang die Flucht auf dem Rücken des Widders nach Kolchis. Dort opferte er zum Dank den Widder Chrysomeles dem Göttervater Zeus und überreichte das Goldene Vlies (das Fell des Tieres) dem dort regierenden König Aietes für seine Gastfreundschaft. Dieser ließ das Vlies in der heiligen Höhle von Ares von einem Drachen bewachen, denn ein Orakel hatte ihm geweissagt, dass sein eigenes Leben nur so lange währen würde, wie sich das Goldene Vlies in seinem Besitz befände. Später wurde das Vlies von den Argonauten unter

Führung des Jason und mithilfe der Medea, der Tochter des Aietes, geraubt.

Interessanterweise haben archäologische Funde am Schwarzen Meer (besonders im georgischen Vani, 60 Kilometer entfernt) ergeben, dass in archaischen Zeiten dort eine hochstehende Kultur der Goldschmiedekunst existierte. Auch der römische Geschichtsschreiber Appian (Appianos von Alexandria) wusste im 2. Jahrhundert nach Christus vom Reichtum kaukasischer Flüsse an Goldstaub und berichtete, dass die Bewohner dort Schaffelle ins Wasser hielten, um damit den Goldstaub aufzufangen.

Der Widder
und die Liebe

Widder-Frau

Damen, die unter diesem Sternzeichen geboren sind, *heiraten* – aber *lassen* sich nicht heiraten. Nein. Dazu sind sie viel zu selbstständig, zu emanzipiert und anspruchsvoll. »Mann« kann es ihnen schwerlich recht machen, da sie ihre ganz eigenen Vorstellungen haben und sich beileibe nicht lenken oder steuern lassen wollen. Da muss »Mann« schon seinen ganzen Mann stehen, sonst kann es sein, dass er unter die Räder gerät und sich bevormunden lässt. Deshalb dürfte sich kaum eine richtige Widderin für einen »Weichling« oder ein Muttersöhnchen entscheiden, denn

Respekt ist es, den sie vor ihrem Gefährten emp-
finden will; Respekt auf gleicher Augenhöhe, da
sie sich nicht unterordnen möchte und dies auch
nicht von ihrem Partner verlangt. Wenn diese Vo-
raussetzungen gegeben sind, kann die Widderin
eine der romantischsten und leidenschaftlichs-
ten Gefährtinnen sein.

Widder-Mann

Der Widder ist impulsiv und ungestüm. Bisweilen
hat man das Gefühl, dass der Widder-Mann sein
ganzes (Liebes-)Leben nicht aus der jugend-
lichen Sturm-und-Drang-Zeit herauskommt: Er
verliebt sich rasend schnell, kann aber ebenso
schnell das Interesse an der Angebeteten verlieren – und sich mit der gleichen Inbrunst und Überzeugung dem nächsten Abenteuer zuwenden.

Hart und kalt hingegen kann er auftreten, wenn
seine Glut erloschen ist oder wenn seine Gefährtin nicht alles so macht oder mit sich machen
lässt, wie er sich das vorstellt. Oder im Streit:
Auch dann neigt er dazu, Worte zu sagen, die er
nicht mehr zurückholen kann und die vielleicht
sehr verletzt haben. Danach kann er sich seiner
Liebe aber wieder mit derselben Leidenschaft
hingeben.

Der Widder und seine Beziehungs- partner

Beziehungspartner Widder

Widder-Frau und Widder-Mann

Dieser Beziehung dürfte das Bild zweier sich heftig aneinanderreibender Gewitterwolken am gerechtesten werden: Die elektrostatische Aufladung der Atmosphäre wird so ungeheuerlich, dass die bevorstehende Entladung nur zu einem wilden Tosen und Toben führen kann. Ein Taifun der Gefühle! Gut, nicht immer muss es derart lautstark und heftig zugehen.

Ständiger Kampf und Wettbewerb zweier extrem ichbezogener Typen allerdings ist programmiert, und richtig ruhig oder gar langweilig wird es niemals. Dafür haben beide Partner viel zu viel Energie, zu viel an Durchsetzungswillen, an Forderungen an den jeweils anderen und zu viel an Ambition und Selbstüberzeugung. Überdies streben beide auch nach Freiheit, eine feste Bindung wird deshalb häufig als belastend und problematisch empfunden.

Andererseits kann die Kampfbereitschaft und das Ungestüm der Widder zu einer glücklichen und erfüllten erotischen Beziehung führen, bei der die unbändige sexuelle Lust am gegenseitigen Reizen große Leidenschaft mit sich bringen kann.

Beziehungspartner Stier

Widder-Frau und Stier-Mann

Die Dame gibt sich offen, selbstbewusst und ist am anderen Geschlecht interessiert. In erotischen Dingen ergänzen sich beide durchaus, und insoweit könnte alles gut funktionieren. Er aber – oje – bevorzugt das eher traditionelle Rollenverhältnis. Von der Arbeit nach Hause zu kommen, ein gut gekühltes Bier und eine köstlich duftende Abendmahlzeit auf dem Tisch: Das ist schön … Gut, die Widder-Dame tut ihm diesen Gefallen schon einmal, aber immer? Nein, das ist mit dieser Partnerin nicht zu machen.

Widder-Mann und Stier-Frau

Er stürmt sofort und ohne zu zögern auf sein Ziel los und teilt ohne Umwege mit, was er will. Sie hingegen ist eher konservativ in ihrer Reaktion auf sein Liebeswerben. Das ist der Kern dieser Konstellation, die beim Sex sehr lustvoll sein kann, weil er viel Energie und Einfallsreichtum entfalten kann und sie Lust und Genuss gegenüber kaum abgeneigt ist. Andererseits hat sie es auch gerne ein bisschen romantischer und schätzt es nicht unbedingt, vom Widder-Mann plump zu erfahren, dass sie ihm gefällt.

Beziehungspartner Zwilling

Widder-Frau und Zwilling-Mann

Bei dieser Konstellation ist oft zu beobachten, dass eine zuvor erotisch dominierte Affäre oder Liebesbeziehung zu einer guten Freundschaft wird oder dass die rein platonische Variante zumindest sehr bald in den Vordergrund tritt. Der Zwilling-Mann ist schwer zu halten und findet, dass auch andere Väter schöne Töchter haben. Und die Widder-Frau zieht mitunter auch das Oberflächliche dem Tiefgehenden vor.

Widder-Mann und Zwilling-Frau

Da die Zwilling-Frau gerne flirtet und potenziellen Kandidaten leicht schöne Augen macht
und der Widder überdies zu jenen Männern gehört, der gerne und ausführlich darauf eingeht,
kann es schnell zu einer heißen Affäre kommen. Er spiegelt sich gerne in den Reaktionen
seiner Umwelt, und wenn ihn eine Schöne viel-
versprechend anblickt, dann ist es schnell um
ihn geschehen. Auf längere Sicht aber kann es
zu heftigen Reibereien kommen, da Monsieur
Widder bestimmt nicht toleriert, wenn ihm Ne-
benbuhler Konkurrenz machen. Andererseits
ist die Zwilling-Frau intelligent und kann ihn bisweilen ins Leere laufen lassen.

Beziehungspartner Krebs

Widder-Frau und Krebs-Mann

Auch hier stehen partnerschaftliche Krisen ins
Haus. Die Widder-Frau liebt ihre Selbstständigkeit und Freiheit, sie ist geradeaus und offen
bis zur Schmerzgrenze. Nichts für den Krebs-
Mann, dessen zarte und romantische Gefühle
ihn in eine möglichst harmonische, enge und

liebevolle Beziehung führen wollen. Auch wenn sie Komplimente liebt und gerne begehrt und umworben wird, auf Dauer zieht sie doch einen »maskulinen« Typ vor, der ihr ab und an auch die eigenen Grenzen aufzeigt.

Widder-Mann und Krebs-Frau

Ist der Widder-Mann ungestüm, drängt er nach vorne und fordert stets seinen ihm gerecht erscheinenden Anteil am Leben, dann ist die Krebs-Frau vorsichtig und wägt lieber erst ab, bevor sie sich zu einer Handlung entschließt. Gehört der Widder-Mann bisweilen zu den »Anmachern« (er selbst wertet dies natürlich nicht als negativ), kann die Krebs-Frau, die Tiefgang bei ihrem potenziellen Partner voraussetzt, damit herzlich wenig anfangen. Nein, Widder-Mann und Krebs-Frau trennen schlichtweg Welten!

Beziehungspartner Löwe

Widder-Frau und Löwe-Mann

Hier hat sie doch den »ganzen Kerl« gefunden, nachdem sie gesucht hat! Erotisch gesehen hat sie mit ihm einen Volltreffer gelandet: Wenn er treu ist, seinen Jagdtrieb kontrollieren kann und in der Beziehung mit der Widderin seine ganze Erfahrung ausspielt, kann die aufgeschlossene Dame ausgiebig genießen. Mit zunehmender Reife den Pascha rauszukehren, das sollte er allerdings lassen, denn die Widder-Frau will vor allem selbst verwöhnt werden.

Widder-Mann und Löwe-Frau

Das kann eine glückliche und erfüllte Beziehung werden! Die Löwendame ist großmütig und lässt dem Widder-Mann manche seiner Staralüren und auch manche Rechthaberei durchgehen. Er hingegen akzeptiert sie als starke Persönlichkeit, und, öfter als in anderen Konstellationen, als gleichberechtigte Partnerin. Zu Beginn des Verhältnisses dürfte es aber mitunter zu einem Machtkampf kommen. Stecken beide vernünftigerweise ein bisschen zurück und will keiner den anderen letztlich dominieren, dann kann eine erotisch genussvolle und lang andauernde Beziehung entstehen und wachsen.

Beziehungspartner Jungfrau

Widder-Frau und Jungfrau-Mann

In den meisten Fällen dürfte diese Konstellation besser als im geschlechtlich umgekehrten Fall funktionieren. Denn die Widderin wartet lange, bis sie sich auf einen Partner festgelegt hat – sie genießt ihre Selbstbestimmung. Und für die männliche Jungfrau gilt dasselbe: Er überlegt lange und wiegt ein ums andere Mal Vor- und Nachteile ab – und erklärt sich mitunter erst dann, wenn es für andere Damen schon zu spät ist und diese längst verdrossen an sich zweifeln.

Widder-Mann und Jungfrau-Frau

Prognose schwierig – wie bei der Wettervorhersage. Denn eigentlich prallen zwei Welten aufeinander: Der Widder-Mann mit seiner Sorglosigkeit und Impulsivität trifft auf die methodisch planende und überdies ordnungsliebende Jungfrau. Das kann insofern gut gehen, als dass die Jungfrau geschickt ihrem Partner einen Orientierungsrahmen verpasst, ohne dass dieser gleich aufbegehrt. Im schlechteren Fall sehnt sie sich nach mehr Sicherheit in der Beziehung. Überdies kann der Widder-Mann nicht leiden, wenn sie zu kritisch mit ihm ist.

Beziehungspartner Waage

Widder-Frau und Waage-Mann

In erotischen Aspekten kann diese Konstellation höchste Lust garantieren: Beide Partner kultivieren die Liebe, zumal die körperliche, gut und gerne. Auch dem Wunsch des Waage-Mannes nach einer selbstbewussten und gesellschaftsfähigen Gefährtin werden viele Widder-Frauen mehr als gerecht. Ihre Offenheit und Direktheit kann dem charmanten und gepflegt parlierenden Waage-Mann allerdings bisweilen unangenehm sein.

Widder-Mann und Waage-Frau

Zwei Dinge, die das Zusammenleben schwierig gestalten können: Die Waage-Frau wird ihrem Namen gerecht, wägt ab und überlegt, ob ein Gedanke oder eine Entscheidung richtig ist. Das kann den Widder verrückt machen, ist er doch der Typ für schnell entschlossene Taten.

Zum Zweiten legt die kultivierte Waage-Frau Wert auf ihre gesellschaftliche Position. Prestige ist ihr wichtig. Auch der Widder hat nichts dagegen; mitunter aber, besonders wenn es nicht nach seinem Kopf geht, dann kann er auf die ganze »Mischpoke« pfeifen.

Beziehungspartner Skorpion

Widder-Frau und Skorpion-Mann

Wenn es eine gemeinsame intellektuelle Ebene gibt, auf der sich beide Partner gleichberechtigt austauschen können, dann kann es sinnvoll sein, dieser Verbindung eine Chance einzuräumen. Denn sowohl Widder-Frau als auch Skorpion-Mann sind Freunde offener Worte und treten geradlinig auf. Andernfalls jedoch besteht die Gefahr, dass es zu Streitereien und Wortgefechten kommt, bei denen der Skorpion-Mann allerdings den längeren Atem haben dürfte.

Widder-Mann und Skorpion-Frau

Erotische Hochspannung liegt in der Luft, die sich in heftiger Leidenschaft entladen kann. Dabei spielt die geheimnisvolle Skorpion-Frau, die der Widder unbedingt für sich gewinnen will, eine große Rolle. Andererseits kann ihre Verschlossenheit, in die sie sich bisweilen zurückzieht, den Widder aufreiben. Sie kann stark sein, die Skorpion-Dame: Stark in ihrer emotionalen Passivität, die sich in schneidender Kälte ausdrücken kann und ihn dazu bringt, die verschlossene Auster zurück in die Fluten zu werfen – nachdem er sich die Hörner daran abgestoßen hat.

Beziehungspartner Schütze

Widder-Frau und Schütze-Mann

Der männliche Schütze ist – wie die Widderin – aufgeschlossen und vielseitig interessiert. Sein Optimismus und seine Lebensfreude wirken ansteckend und geben seiner Partnerin das Gefühl, respektiert zu werden, ohne an eigener Persönlichkeit zurückstecken zu müssen oder gar etwas zu verlieren. Beide reisen sehr gerne und entdecken fremde Länder und Kulturen. Wichtig ist die berühmte ›lange Leine‹. Auch dabei ergänzen sie sich recht gut.

Widder-Mann und Schütze-Frau

Den Widder-Mann zieht an der Schütze-Frau ihre geheimnisvolle Erotik an, die er ergründen will. Sie liebt ihre Selbstständigkeit und Freiheit und braucht deshalb einen Partner, der zuversichtlich ist und selbst im Leben steht. In aller Regel trifft sie mit dem Widder deshalb die richtige Wahl und sieht ihre Leidenschaften erfüllt. Da beide Zeichen geistig regsam sind und sich die Schütze-Frau gerne neugierig und abenteuerlustig neuen Herausforderungen stellt, funktioniert diese Verbindung häufig und verläuft harmonisch.

Beziehungspartner Steinbock

Widder-Frau und Steinbock-Mann

Der typische Steinbock-Mann ist realistisch, überaus lebenstüchtig und stabil. Abenteuer wird die Widderin mit ihm allerdings nur selten erleben. Wenn sie allerdings selbst genügend an Erfahrung gesammelt hat und reifer geworden ist, dann kann sie sich gerne für einen Steinbock-Mann entscheiden. Denn besonders seine Geradlinigkeit und Konsequenz imponieren ihr.

Widder-Mann und Steinbock-Frau

Die Steinbock-Frau ist bei Weitem nicht so beweglich wie der Widder-Mann und steckt nicht so voller Tatendrang. Das macht diese Beziehung schwer. Besonders die Ungeduld des Widders, der sich nach einer Partnerin sehnt, die seine Begeisterungsfähigkeit und seine Impulsivität teilt, lässt diese Konstellation nicht selten scheitern. Denn der Widder-Mann kann schlecht warten und eine Beziehung reifen lassen; am besten fühlt er sich doch, wenn alles möglichst schnell und genau nach seinem Kopf geht. Schwierig bei der Steinbock-Frau, die nicht leicht zu gewinnen ist und ein stetiges Gefühl der Sicherheit benötigt, bis sie sich ganz fallen lassen kann.

Beziehungspartner Wassermann

Widder-Frau und Wassermann-Mann

Auch unter umgekehrten Vorzeichen ergänzen sich beide Zeichen bestens. Ebenso wie die Widderin gibt auch der Wassermann seine Selbstbestimmung nicht leicht auf. Auch wenn er sich entschieden hat, kann er nur schwer mit Partnerinnen zurande kommen, die schlecht loslassen können und danach trachten, seinen kleinen geistvollen Geheimnissen auf die Spur zu kommen. Mit der Widderin passt es also, da auch sie Wert auf Selbstständigkeit legt.

Widder-Mann und Wassermann-Frau

Dieses Paar ist die ideale Besetzung für eine Arbeitsgemeinschaft. Er und sie, gemeinsam selbstständig, beide Mitinhaber einer Firma, Kanzlei oder Praxis: das perfekte Team! Sein Gestaltungswille und ihre Originalität, ihr Ideenreichtum und ihre geistigen Höhenflüge ergänzen sich wie keine andere Konstellation. Und auch das Liebesleben bleibt aufregend und abwechslungsreich. Wichtig für den Widder-Mann allerdings ist, dass er darauf achtet, ihre Eigenheiten und bisweilen auch ihre unkonventionelle Art zu respektieren.

Beziehungspartner Fische

Widder-Frau und Fische-Mann

Eine schwer vorstellbare und äußerst seltene Verbindung, da die emanzipierte Widderin einen gleichwertigen Partner braucht wie die

Luft zum Atmen. Keinesfalls darf dieser allzu nachgiebig und »weich« sein. Beim Fische-Mann läuft sie zwar überhaupt keine Gefahr, gegängelt oder gar manipuliert zu werden. Sein Gefühlsreichtum und seine persönliche Zurückhaltung allerdings geben ihr einfach zu wenig Widerstand.

Widder-Mann und Fische-Frau

Auch in dieser Konstellation kann dem Widder-Mann seine Ungeduld und sein schwer zu zügelndes Temperament zu schaffen machen. Er meint es ja nicht böse, aber es sollte halt alles immer schnell und nach seinem eigenen (Dick)kopf gehen! Nichts für die Fische-Frau – dieses »Sensibelchen« sucht die großen Gefühle, die Übereinstimmung der Herzen. Der Widder hingegen sucht den sofortigen Erfolg. Überdies sagt und zeigt er dies auch für gewöhnlich sofort, was bei der Fische-Frau dazu führen kann, dass sie glaubt, nichts als einen protzigen Aufreißer vor sich zu haben. Diesem aber schwimmt sie geschlossenen Auges und »blubb, blubb« aus dem Weg.

Die Bedeutung des Mondes in der Astrologie

Ebenso wie die Sonne fasziniert auch der Mond die Menschen seit Urzeiten. Für Naturvölker symbolisierten beide Gestirne die Kräfte und Energien, denen der Mensch ausgesetzt ist. Ist die Sonne für die Willenskraft verantwortlich, steht der Mond hingegen für die Intuition, für die emotionalen Energien. Demnach symbolisiert der Mond die weibliche Seite des Menschen, das Gefühl, das »Weiche«. Ebenso steht der Mond für das »innere Kind«, das zeitlebens und während der gesamten Erwachsenenphase in jeder Person lebt.

Jahreszeiten und Mondphasen

Der Mondzyklus dauert im Schnitt 29 Tage. Er wird in vier Phasen unterteilt, von denen jede Periode Ausdruck einer bestimmten Form von Energie ist, vergleichbar mit den Wachstumsphasen einer Blütenpflanze im Lauf der Jahreszeiten. Der zunehmende Mond lässt die Pflanze knospen, bei Vollmond hat sie die ganze Blüte erreicht, bei abnehmendem Mond nähert sie sich dem Zustand des Verwelkens, wogegen sie bei Neumond er-

neut zu keimen beginnt. Für ein möglichst zuver-
lässiges Horoskop ist es deshalb von Bedeutung,
neben dem Sternzeichen (Sonne), dem Aszendenten (Planeten) und der Kombination des
Sternzeichens mit dem Mondzeichen (Mond)
auch die Mondphase zu berücksichtigen, in der
ein Mensch geboren wurde. Denn die Energie des
Mondes zum Zeitpunkt der Geburt kann sich
stark auf die Ausprägung der Persönlichkeit aus-
wirken. Die Entsprechung des »Planeten« Mond ist
das Sternzeichen Krebs.

Nach innen oder außen gerichtet

Menschen, die in der Vollmondphase und in
der Periode des zunehmenden Mondes geboren wurden, sind häufiger extravertiert, also
nach außen gerichtet. Menschen hingegen, die
bei Neumond oder bei abnehmendem Mond
das Licht der Welt erblickten, gelten häufiger
als introvertiert, also in sich gekehrt.

Wenn Sie es genau wissen wollen und den
möglichst genauen Zeitpunkt Ihrer Geburt ken-
nen, können Sie mithilfe von Mondtabellen die
Mondphase, in der Sie geboren wurden, ermit-
teln. Diese können Sie zum Beispiel im Internet
mithilfe von Suchmaschinen unter dem Suchbegriff »Mondphasen-Tabelle« finden.

Der Widder mit dem Mond im Sternzeichen

⟡

Wie die Sonne durchwandert auch der Mond die Sternzeichen. Allerdings wechselt er die Sternzeichen nicht ca. alle 4 Wochen wie die Sonne, sondern alle 2 bis 3 Tage. Unter welchem Mond Sie geboren wurden, können Sie zum Beispiel mithilfe von Suchmaschinen im Internet unter dem Suchbegriff ›Mondkalender‹ herausfinden.

Widder mit Mond im Widder

Langsamkeit, Behutsamkeit, Bedächtigkeit, Vorsicht oder ein Sich-an-die-Sache-Herantasten – das ist nichts für den Widder mit Mond im Widder. Diese Persönlichkeiten zeichnen sich eher durch große Dynamik und Risikobereitschaft aus. Wir erinnern uns vielleicht an Schulkameraden, deren vorlaute Klappe ihnen ein ums andere Mal saftige Strafen bescherte. Und wenn jeder glaubte, ›Jetzt ist es gut, selbst ihm reicht es‹ – dann setzte er noch einen obendrauf und landete im Direktorat. Im positiven Fall wird aus einem solchen Schüler im späteren Leben ein Leistungs-Ass.

Widder mit Mond im Stier

Der bedächtige und auf Sicherheit bedachte Stier-Mond gleicht die Widder-Sonne, die stets auf Sturm und Drang steht, meist etwas aus. Allerdings kann sich auch ein Zwiespalt ergeben, weil die Rastlosigkeit der Widder-Sonne auf die Bodenhaftung des Stier-Mondes trifft. Mit zunehmender Reife kommen solche Persönlichkeiten aber in aller Regel ins Gleichgewicht.

Widder mit Mond im Zwilling

Zusätzliche Ruhelosigkeit und manchmal auch ein hochfahrendes Temperament kann der Mond im Zwilling bei der ohnehin schon fordernden und ungeduldigen Widder-Sonne verursachen. Die Intellektualität der Zwillinge kann überdies dazu führen, dass dieser Widder traditionelle Verhaltensmuster verachtet und sich über gesellschaftliche Gepflogenheiten stellt. Initiative, Einsatzbereitschaft und Erfolgswille schaffen allerdings in Kombination mit klugen Ideen des Zwilling-Mondes bisweilen äußerst erfolgreiche, durchsetzungsfähige und geschäftstüchtige Persönlichkeiten.

Widder mit Mond im Krebs

Der Mond im Krebs macht diese Widder nicht selten sehr viel einfühlsamer, als es die Widder-Sonne vorgibt. Diese Kombination kann die Voraussetzung zu großartigen Erfolgen im Beruf, aber auch im Privatleben sein. Die Rücksichtslosigkeit und Härte, die schiere Ichbezogenheit und Unduldsamkeit, die dem Widder manchmal zu eigen ist, wird gebremst und durch das Element des Mitfühlens mitunter sogar gewandelt.

Widder mit Mond im Löwen

Diese Menschen haben das Zeug zum General, zum Leiter eines Weltkonzerns, kurzum zum Erfolgsmenschen in allerhöchster Position. Das Energiepaket Widder trifft auf das Selbstbewusstsein des Löwen, und im Ergebnis kommt es zu persönlichen Merkmalen wie starkes und sicheres Auftreten, eine quasi naturgegebene Autorität, Organisationstalent und Mut. Eines kann der Widder mit Mond im Löwen allerdings kaum vertragen: wenn seine Reputation in Zweifel gezogen oder seine Stellung hinterfragt wird. Sein Stolz ist leicht verletzt, und sein Temperament kann dann schrecklich aufbrausend sein.

Widder mit Mond in der Jungfrau

Diese Konstellation wirkt sich häufig überaus günstig auf die Geschäfte aus: Die Dynamik und der Erfolgswille des Widders werden durch die Methodik, Systematik, das Gespür für einträgliche materielle Chancen und den Hang zur Berechnung des Jungfrau-Mondes beflügelt. Ein Widerspruch kann sich dadurch ergeben, dass die Widder-Sonne ungeduldig ist, der Jungfrau-Mond hingegen auf Perfektion und Sorgfalt drängt.

Widder mit Mond in der Waage

Das innere Bedürfnis nach Harmonie und Ausgleich sowie nach ruhigen und gerechten Verhältnissen, die der Waage-Mond in die Wiege legt, verträgt sich nur schwer mit der kraftvollen und mitunter rücksichtslosen Widder-Sonne. Die Spontaneität des Widders reibt sich überdies hart an der oft unentschlossenen Art der Waage, die doch den inneren Wunsch dieses Widders ausdrückt. Deshalb kommt es oft zu einer gewissen inneren Zerrissenheit, die sich in einem raschen Wechsel von Aktion und Zaudern zeigen kann.

Widder mit Mond im Skorpion

Der Mond im Skorpion offenbart eine innere Wunschnatur, die sich nach Selbstbeherrschung und Kontrolle über die eigenen Emotionen und Impulse sehnt. Dies steht nicht selten im Widerstreit zum unüberlegten Vorwärtsdrang der Widder-Sonne. Gleichwohl kann diese Konstellation Leistungsstärke hervorbringen, wenn die nicht unkomplizierte Gefühlswelt des Skorpions beherrscht werden kann. Menschen dieser Zeichen sind zu großer Liebe und Leidenschaft fähig.

Widder mit Mond im Schützen

Selbstentfaltung, Entwicklung der eigenen Fähigkeiten, Neugierde und Entdeckerlust: Diese Eigenschaften sind Widdern dieser Konstellation ins Stammbuch geschrieben. Sie sind Pioniere in ihren Gebieten und wollen stets die Horizonte dehnen: ›Es kann doch nicht sein, dass das schon alles war ...‹ Aber auch Ungeduld und eine Neigung dazu, sich über andere zu stellen (mitunter auch über Vorgesetzte), sind ihnen häufig zu eigen. Besonders charakteristisch mögen jedoch die Lebensfreude und der unerschütterliche Optimismus des Schütze-Mondes sein, der sich mit dem Tatendrang der Widder-Sonne vereint.

Widder mit Mond im Steinbock

Hier paaren sich der Vorwärtsdrang des Widders mit dem Aufstiegswillen, dem Ehrgeiz und der unbedingten Einsatzbereitschaft des Steinbocks. Diese Menschen sind unabhängig und die geborenen Selbstständigen, die allerdings auch zu Workaholics werden können und bisweilen kein Ende mehr finden. Da sie sich häufig vor allem durch ihre beruflichen Leistungen definieren, kommen menschliche Bedürfnisse oft zu kurz. Das kann zu Einseitigkeit und Einsamkeit führen.

Widder mit Mond im Wassermann

Der Mond im Wassermann macht das Power-Sonnenzeichen Widder bisweilen zu einem höchst individuellen und außergewöhnlichen Zeitgenossen, der spielend leicht viele Freunde gewinnt und sehr beliebt, manchmal sogar populär im positiven Sinne sein kann. Von großer Bedeutung ist die soziale Einstellung und der Wunsch nach gerechten Verhältnissen, der diese Menschen nicht selten zu Reformern oder gar Revolutionären in ihren jeweiligen Gebieten werden lässt. Dabei sind eine stille Heiterkeit und ein freundliches Wesen zu beobachten.

Widder mit Mond in den Fischen

»Himmelhoch jauchzend – zu Tode betrübt.« Diese eigentlich weit auseinanderliegenden Gefühlszustände sind für Menschen dieser Konstellation nicht ungewöhnlich. Das Gefühlige des Fische-Mondes, der einen starken Wunsch nach Zärtlichkeit und Akzeptanz mit sich bringt, steht im Widerspruch zur ungestümen Dynamik der Widder-Sonne, die doch nach Durchsetzung des eigenen Willens verlangt. Das kann ein unstetes und wechselhaftes Wesen zum Ergebnis haben, das stets auf der Suche nach der richtigen Rolle und der eigenen Identität ist.

© 2008 arsEdition GmbH, München

Alle Rechte vorbehalten
Text: Madelaine Faubert
Illustrationen Umschlag: Silvia Braunmüller
Illustrationen: Silvia Braunmüller; S. 4, 36: Dover Publi-
cations
Gestaltung: Renate Lehmacher, Atelier Georg
Lehmacher, Friedberg (Bay.), www.lehmacher.de
Printed by Tien Wah Press
ISBN 978-3-7607-3605-1

www.arsedition.de